Il n'est pas toujours nécessaire, de partir bien loin, pour que commence une nouvelle vie.
Il a suffi, tout simplement, que je trouve refuge dans cette petite ville nommée Montreuil-sur -Mer.
Je me suis doucement imprégnée de son atmosphère et des trésors de son passé qui m'ont inspiré de nouvelles créations.

Laissez-m[illegible] en guide et vous faire [illegible] à travers mes tableaux.

à Charlotte et Lucile, mes filles
à Théa et Raphaël,, mes petits enfants
à Frédéric, Edwige, Etienne, Joëlle, Cathy et Raymond Delaval

Comme beaucoup d'autres chemins de randonnée, le sentier pédestre « Les pyroles » vous emmène au pied de la cité

Pyrole

Coiffée de tes toits et clochers, parée de ta robe à multiples facettes que sont tes hôtels particuliers et tes maisonnettes, de brique, de pierre ou de silex, coquettement ceinturée de tes vieux remparts, c'est toi, la belle dame du Moyen âge qui t'amuses à tremper tes pieds de verdure dans les eaux de La Canche. A moins, belle ville de Montreuil-sur-Mer, que tu ne t'étires jusqu'au marais et ne t'étendes jusque dans les champs.

Faisan de Colchide

Clématite des haies
(en hiver)

Panicaut champêtre
(espèce protégée)

Clématite des haies
(en été)

Pied de poule

S'engager sur les glacis, c'est, pour les curieux de la flore, partir à la découverte des richesses de ce terrain en pente douce. C'est profiter aussi d'une balade ensoleillée pour aller jusqu'aux jardins ouvriers de la ville.

Fleurs sauvages des glacis

Gouet

Cardère

Les glacis
côté ouest

La crête
des glacis

Derrière une futaie de peupliers, on aperçoit la « Chartreuse Notre Dame des Prés ». Adossée à une colline, elle dresse ses flèches et aligne ses cellules closes.

Papillon « Citron »

Pour une promenade romantique, flânez au pied de la Tour blanche sur le chemin des Glacis. La perspective y est admirable. Le soir, des vapeurs grises s'élèvent des marais pour envelopper les arbres d'une brumeuse mousseline.

Dans les méandres de La Canche, paradis des pêcheurs, la faune est aussi riche que la flore. La couleuvre à collier se glisse entre les salicaires et l'épiaire des marais.

Le martin- pêcheur voisine avec la rousserolle. La foulque copine avec la poule d'eau pendant que la libellule vole en compagnie du moustique.

Oie Bernache

Héron cendré

Cygne Tuberculé

La Canche

A Montreuil, pas de plage, la mer n'y est pas encore revenue…

Autrefois, remontant La Canche, les navires marchands arrivaient de la mer jusqu'au port de La Poulie apportant magnificence marchande à la ville. Au cours des siècles, la mer a reculé, le lit du petit fleuve s'est rétréci et les alluvions ont rendu impossible la navigation. De même les nombreux petits moulins disparurent un à un des berges.

Colvert

Papillon « Paon du jour»

Papillon « Amarylis»

Rue des Moulins

La Ville-Basse

En bas des remparts, c'ést la Ville-Basse qui étale son fouillis de toitures perdues dans la verdure. Seul, domine le clocher de l'église St-Josse au Val.

Rue de l'Eglise

Comme l'origine de son nom (monasteriolum) le suggère, Montreuil a compté beaucoup d'édifices religieux. Paradoxe : la « Rue de L'Eglise » n'en a pas en activité. Cependant, bordée d'hortensias, une petite grange surmontée d'un clocheton attire bien des regards. Les Ville-Bassois l'appellent la « chapelle » et d'autres « l'Oratoire ». Elle fut, après la Révolution, vouée au culte, tandis que, de son côté, après avoir été vendue, St-Josse au Val servit d'entrepôt à une famille de tanneurs. Mais depuis, les deux bâtiments ont retrouvé leur vocation.

Rue St-Gengoult

Parmi les quelques commerces de la Ville Basse, la vieille façade de la boutique du quincaillier incite à la curiosité.
Osez en franchir le seuil ! C'est le paradis assuré. Parmi un bric-à-brac d'objets d'antan, pour sûr, vous trouverez l'article longtemps cherché.

Quincaillerie
Vannerie
DEROUSSEN
FACOM

Ville fleurie

Les glacis, les remparts accueillent une flore sauvage variée, mais la ville sait aussi se parer du travail des hommes.
Les nombreuses essences florales que cultivent les jardiniers pour l'embellissement des quartiers valent à Montreuil sur Mer le classement de ville fleurie à Quatre Fleurons.

La gare

La petite gare se tient à l'écart de la route menant à Hesdin.
En bordure de la Canche, elle attend les voyageurs de Boulogne et ceux qui partent pour Arras.

Mais n'y avait-il pas une autre gare dans le quartier St-Justin,
pour « le petit Tortillard » qui emmenait les voyageurs à
Berck-sur-Mer ?

Grande-Rue
de la Basse-Ville

La montée de la « Grande-Rue » est arrêtée par les remparts. L'ancienne porte de la ville haute a été murée et casematée. D'un côté, on trouve les deux plus petites façades de Montreuil et de l'autre, une belle demeure à colombages datée de 1750.

La porte de Boulogne

„La « Porte de Boulogne » a une histoire bien tourmentée.
En 1828, pour faciliter la circulation, elle fut réorientée en fonction d'un nouveau tracé. C'est ainsi que la grande rue de la ville basse ne se prolonge plus par la Cavée qui est désormais contournée par le parvis St-Firmin.

La cavée St-Firmin

La « Cavée St-Firmin » est bien escarpée pour l'imaginer route royale ou impériale.
Et pourtant, jadis, bien des têtes couronnées, à l'instar de Louis XIV *et de Napoléon, ont usé ses pavés.*
Imaginez carrosses, diligences, charrettes empruntant ce toboggan par tous les temps en toutes saisons ! Même si les habitants surgissaient de leur maisonnée pour pousser ou freiner les véhicules, l'aventure s'avérait très périlleuse.

Aujourd'hui, cette pittoresque Cavée fait le bonheur des personnes, qui, chaque année, le 15 août, participent à la «Journée des Peintres dans la Rue».

Borne Fontaine

L'abrupte Rue du Mont Hulin débouche sur la Cavée Saint-Firmin. Oserez-vous emprunter la périlleuse descente sur les glissants pavés disjoints ?

Rue du Mont Hulin

Parvis St-Firmin

Le Parvis Saint- Firmin dessine un grand virage coloré d'une vague de fleurs diverses.

Un charmant petit kiosque trône dans le joli square Wooster. Il porte le nom de la testatrice, Mme Wooster, qui légua à la commune en 1978 le magnifique hôtel Acary de La Rivière (1810) avec sa romanesque passerelle qui enjambe la rue du Grand Sermon.

Rue de la Porte-Becquerelle

Lorsque les étudiants désertent le lycée Woillez, les chats arrivent de tous côtés.
Depuis toujours, ils se donnent rendez-vous sur le parvis de « La Chapelle Sainte-Austreberthe » pour quémander leur nourriture aux habitants du quartier.

Rue des Carmes

A l'angle de « La rue des Carmes », « La Gayolle » expose, en soubassement, son damier de grès et de silex et arbore sur ses murs la date de 1578.

Les pigeons sont nombreux à trouver refuge sur les toits du Palais de Justice, qui occupe une partie des bâtiments de l'ancien « Couvent des Carmes ». Les chauves-souris, quant à elles, attendent la nuit pour se lancer dans leur vol haché.

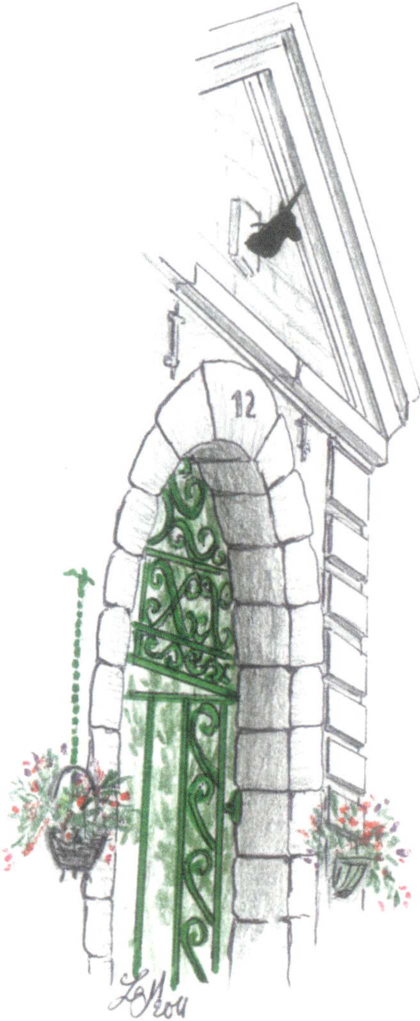

Rue de la Licorne

Vers le ciel, « La Chapelle Saint-Nicolas de l'Hôtel-Dieu » pointe gracieusement sa flèche en dentelle. Jusqu'en 1995, l'Hôtel-Dieu de Montreuil sur Mer assuma sa vocation médicale.

L'étroite « Rue de La Licorne » semble si tranquille. Pourtant chaque matin et chaque soir, elle devient l'artère principale qui déverse son flot de voitures jusqu'aux écoles et au lycée montreuillois.

Place Gambetta

Sur « la Place Gambetta », le robinier avait une fière allure. De son port harmonieux, il protégeait le monument en bronze, mémoire des campagnes de 1871. Un coup de vent l'a déraciné en hiver 2009.

L'Abbatiale St-Saulve

Si l'Abbatiale Saint-Saulve présente un portail riche d'art statuaire, sa face arrière n'est pas sans intérêt. Les traces de son prestigieux passé se laissent deviner.

Place St-Walloy

A l'extrémité de la « place St-Walloy »,
le Musée de France, Roger Rodière, occupe
un ancien hôtel particulier.
Dans le parc verdoyant, retentissent les cris
joyeux des enfants, heureux de s'ébattre
dans l'espace de jeu aménagé pour eux.

Fleurs sauvages sur les remparts

Jonquilles

Violettes

Nivéoles du printemps

Ce très beau bâtiment rénové accueillait utrefois les orphelins.Durant la Première Guerre Mondiale, il servit d'hôpital militaire. Il abrite depuis 1981 l'école maternelle et diverses sociétés montreuilloises, comme la Bibliothèque, l'Harmonie municipale etc.

Rue du Paon

Photo

Lieu magique
des cinq sens.

A la vue de cette rue pavée si pittoresque, on est séduit.
A peine a-t-on poussé la porte d'une de ces minuscules maisons en torchis que celle ci se transforme en échoppe artisanale et permet de toucher ainsi à la création.

Rue du Clape en Bas

Mais très vite l'odeur alléchante de crêpes invite chez la voisine, la petite crêperie, pour y déguster une gourmandise à la chantilly, pendant que quelques notes de musique, échappées d'un harmonica, charment l'ouïe.

Rue du Général Potez

Au bout de cette rue, vous pouvez accéder aux remparts pour une magnifique promenade de 3 kilomètres autour de la ville

Rue du Clape-en-haut

Après un orage, la pluie dévale la rue du
« Clape en haut » jusqu'au « Clape en Bas »
pour aller se perdre... dans les égouts
.- « clic-clap-clic-clap » faisait jadis
, le « clapet » pour se fermer.

Place du Général de Gaulle

La halle aux grains est devenue un théâtre qui régulièrement s'anime en proposant musique, théâtre, cinéma, spectacles et conférences. Depuis 1989, le festival des Malins Plaisirs y prend ses quartiers en été.

Durant la guerre de 1914 - 1918, Montreuil abrita le grand quartier général britannique et devint une place stratégique pour les troupes de Sa Majesté. Le Maréchal Comte Douglas Haig, généralissime, s'installa au château Beaurepaire à St-Nicolas et y rencontra Georges V, Sir Winston Churchill, le Général Joffre. Aristide Briand, Georges Clémenceau, Raymond Poincaré. Maintes campagnes y furent élaborées.

Devant le théâtre est érigée sa statue équestre, œuvre du renommé statuaire Paul Landowski. Inaugurée en 1931, elle fut démantelée, en 1940, par les troupes allemandes qui l'envoyèrent aux fonderies du Reich. Après la guerre, dans le moule original conservé par l'artiste, la statue fut à nouveau fondue et, en 1950, elle réintégra sa place devant le théâtre.

THEATRE

Rue Pierre Ledent

L'« Hôtel de France » ou l'« Auberge de la Cour de France » portant les dates de 1643 et 1755 a vu s'arrêter, en ses murs, nombre de personnages illustres.
La tradition montreuilloise rapporte que Victor Hugo, en y allant déjeuner, aurait rencontré une servante qui s'appelait Cosette.

La plus vieille maison de Montreuil sur Mer, construite en pans de bois et colombages date du seizième siècle. Aujourd'hui, elle porte l'enseigne, les « Hauts de Montreuil ». C'est un des restaurants au cadre magnifique qui font la renommée gastronomique de la ville.

Papillon « Belle Dame »

Les tilleuls de « La Place Darnetal » invitent le promeneur à s'asseoir sous leur ombrage. Ce sont les plus vieux arbres. Le frisson de leur feuillage et le clapotis de l'eau vous plongent dans la torpeur. C'est alors que les petits enfants en bronze de la fontaine vous chuchotent les secrets de la vieille cité.

Place Darnétal

La Citadelle

Bien que remaniée maintes fois jusqu'à la fin du dix-neuvième siècle, la Citadelle a conservé les vestiges du Château Royal, la Poudrière, l'Arsenal, l'ancienne Chapelle et les casemates.
En 1926, elle fut classée au titre des Monuments Historiques.
Aujourd'hui, quelques touristes, profitant de la tranquillité du site, passent la nuit dans l'Auberge de Jeunesse qui s'y niche.

Entrée de la citadelle

Pour franchir les profonds fossés, il faut passer le pont. Après avoir traversé une demi-lune herbeuse, nous nous présentons à l'entrée de la citadelle au fronton triangulaire qui garde le souvenir du pont-levis à flèches.

Le Château Royal

Le Château Royal de Philippe-Auguste était à l'image de celui de Boulogne-sur-Mer. Deux tours massives encadrent encore son entrée en arc brisé.

La Tour de la Reine Berthe

Il était une fois… une reine de France, qui, répudiée par son roi, vint trouver asile dans le Château de Montreuil où elle mourut en 1094. La légende raconte qu'elle aurait été enfermée dans une tour qui aujourd'hui porte le nom de la Reine Berthe.

Centhranthe rouge

Ruine de Rôme

Giroflée

Fleurs sauvages des murailles

La tour blanche

Campanule

Sur le Chemin de Ronde qui couronne une partie des anciens remparts du Château Royal, la vue se perd de la forêt d'Hesdin jusqu'à la mer en passant par la vallée de La Canche.

La Tour Blanche se pare de lumière et prend la couleur laiteuse de la craie. A proximité, se trouve l'escalier qui descend dans les profondes casemates.

Ne soyez pas étonnés, visiteurs, si vous voyez, à la nuit tombée, les silhouettes de Victor Hugo, de Cosette ou de Monsieur Madeleine hanter ces lieux. C'est ici que se joue, chaque année, pendant quelques jours estivaux, le spectacle du Son et lumière « Les Misérables »

Itinéraire d'une promenade à Montreuil-sur-mer

Beaumerie - Saint - Martin
D349
Hesdin
Gare
Neuville sous Montreuil
rue St-Gengoult
Boulogne
La Ville Basse
La Ville Haute
Promenade des Remparts
Place Ste Austreberthe
Porte de Boulogne
Mairie
Place Gambetta
Musée R. Rodière
Place St Walloy
Place Saint Jacques
Théâtre
Place du Général de Gaulle
Place Darnetal
rue Pierre Ledent
rue Carnot
rue Victor Dubourg
Chaussée des Capucins
rue du Thorin
Square Wooster
La Boudrière
Camping
La Canche
Fontaine des Clercs
Citadelle
Bastion de la Canche
Bastion de Bouillon
La Madelaine-sous-Montreuil
1
2
3
4
5
6
7
8
9
10
11
12
13
14
15
16
17
18
19
20
21
22
23
24
25

Petite fille d'émigrés polonais, c'est sans aucun doute de mon grand-père paternel que j'ai hérité de ma sensibilité artistique.

Si j'ai le regret de n'avoir pu accomplir les lointains voyages
qui peuplaient mes rêves d'enfants,
c'est ici, à Montreuil -sur-Mer
que j'aime me perdre, m'évader, divaguer corps et âme,
pour m'abreuver de l'atmosphère
et connaître l'ivresse des couleurs si changeantes de notre merveilleuse région

Ouvrages à consulter :

- P.C. Alberge : Montreuil-sur-Mer à traves les âges (1951)
- Lucien Vasseur : Promenade dans l'histoire de Montreuil-sur-Mer (1986)
- Philippe Valcq : Histoire des rues de Montreuil-sur-Mer (2000)
- Lycée E. Woillez : Montreuil-sur-Mer et Les Misérables (2002)
- Bruno Béthouart : Histoire de Montreuil-sur-Mer (2008)
- La Violette : Hors-série n°2 - La Ville Basse - Histoire et Vie d'un quartier (2003)
- La Violette : Montreuil-sur-Mer au Moyen-Âge (hors série) - (2005)

Editions Henry
www.editionshenry.com
Parc d'activités de Campigneulles 62170 Montreuil-sur-mer
ISBN 978-2-917698-90-7 Dépôt légal : juin 2011
Éditeurs du Nord/Pas-de-Calais
Imprimé en France